한 친구는 훈장님 앞에서 눈물을 뚝뚝.
다른 친구들은 웃음을 참느라 킥킥.
무슨 일인지 그림 속으로 들어가 볼까?

🥣 **이렇게 보세요!**

- 그림 밑에는 제목과 함께 간단한 설명이 담겨 있습니다.
- 그림 제목은 국립중앙박물관에서 펴낸 《국립중앙박물관 전시 용어-미술사》를 기준으로 하여 우리말로 풀어쓴 것을 표기했고, (   ) 안에 원래 그림 제목을 넣었습니다.
- '함께 읽어요!'는 조선 시대 초기부터 조선 시대 말기까지 그림 역사를 알 수 있도록 꾸몄습니다.

처음 만나는
우리문화 그림

그림 잔치를 벌여 보자

조정육 글 | 장숙희 그림

오늘책

내 꿈을 그려 주게

1447년 4월 20일 이른 아침, 세종대왕의 아들인 안평대군이 안견에게 말했어요.

"어젯밤에 꿈을 꾸었지. 박팽년과 내가 말을 타고 우뚝 솟은 벼랑과 깊은 골짜기를 지나 구름과 안개가 자욱한 마을에 도착했지.

〈꿈속에 여행한 복사꽃 마을(몽유도원도)〉 안견, 1447년, 비단에 엷은 색, 38.7cm×106.5cm, 일본 덴리대학 중앙도서관 소장

무릉도원은 '복숭아꽃 핀 마을'이라는 뜻이에요. 옛날 사람들은 근심 걱정 없고 행복만이 있는 장소를 말할 때 무릉도원 같다고 했어요. 그림의 왼쪽에는 현실 세계가, 중간에는 무릉도원으로 가는 험난한 길이, 오른쪽에는 복숭아꽃이 가득 핀 무릉도원이 펼쳐져 있어요.

그곳에서 보았네.
붉은 노을 같은 복숭아꽃을.
근심 걱정 없고 행복만이 있는 곳,
그곳이 바로 복숭아꽃이 핀 무릉도원.
그대가 내 꿈을 그려 줘야겠어."

그 말을 들은 안견은
붓을 들고 고민하다
삼 일 만에 그렸어요.
안평대군의 꿈을.
꿈속 복숭아꽃을.

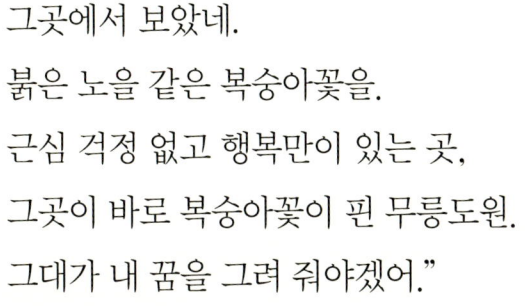

입에 침이 고여요

패랭이꽃 피는 한여름,
수박이 익어 갑니다.
여름이 익어 갑니다.

수박을 쪼개면 드러나는 붉은 속살.
입에 침이 고입니다.
절로 시원해집니다.

시집간 누나가 내일 오면
함께 먹어야지요.

아이가 돌아간 자리에서
쥐가 먼저 맛을 보네요.
누나가 오면 무얼 먹을까요?

〈수박과 들쥐〉 신사임당, 16세기 초, 종이에 채색, 33.2cm×28.5cm, 국립중앙박물관 소장

남자들처럼 세상 곳곳을 자유롭게 돌아다닐 수 없던 신사임당은 주변에서 본 꽃과 풀, 곤충을 그렸어요.
이런 그림을 '초충도'라고 부르지요. 어렵지 않고 쉽게 볼 수 있는 신사임당의 그림은 고향 집처럼 편안해요.

괜찮아! 빨리 와!

괜찮아!
빨리 와!

땅꼬마가 나귀를 잡아끌어요.
돌다리가 무서워 망설이는 나귀.

키다리 소나무
나귀 엉덩이 떠밀고
땅속 개미도
힘내라, 힘
응원합니다.

하지만 겁쟁이 나귀는 눈만 끔벅끔벅,
뒷걸음질만 슬슬.

〈나귀를 끄는 아이(동자견려도)〉
김시, 16세기 말, 비단에 엷은 색, 111cm×46cm,
보물 제783호, 삼성미술관 리움 소장

돌다리 건너기가 무서워서 힘껏 버티고 있는 나귀와 온 힘을 다해 나귀를 잡아끄는 아이의 모습을 실감 나게 그렸어요. 나귀 뒤에 있는 바위와 소나무가 고개를 내밀고 구경하고 있는 것 같아요.

〈고양이와 참새(묘작도)〉

변상벽, 18세기, 비단에 엷은 색, 93.9cm×43cm, 국립중앙박물관 소장

참새를 쫓아 나무 위에 올라간 고양이가 바닥에 있는 고양이를 내려다보고 있어요. 바닥에 앉은 고양이는 고개를 돌려 쳐다보지요. 털 하나하나까지 섬세하게 묘사된 두 고양이의 모습이 마치 살아서 움직이는 것 같아요. 참새는 기쁨을 상징하고, 고양이는 70세 노인을 의미하기도 해요.

하루 종일 오르락내리락

나뭇가지 사이에서 퍼덕거리는 참새.
장난기가 발동한 아기 고양이가
나무에 올라가요.
참새를 잡으러 올라가요.

아무리 날쌘 고양이라도
재빠른 참새를 잡을 수는 없지요.
그래도 포기하지 않고
나무 위를 오르락내리락.
보다 못한 엄마 고양이가 한마디 하네요.

"애야, 장난 좀 그만 치렴."

참새들은 사정없이 짹짹.
고양이는 하루 종일 오르락내리락.

고양이를 잘 그려
'변고양이'라 불린 변상벽에게
참새들이 소리쳐요.

"고양이 좀 쫓아 주세요. 짹짹짹짹!"

어유, 시원하다!

아이코, 가려워!
더 이상 못 참겠네.
참을 수가 없어.

봄볕이 따사로이 쏟아지는 오후,
풀밭으로 달려가던 검둥이가
땅바닥에 드러누워요.
뒷다리를 들어요.

에라, 모르겠다.
가려워 죽겠는데 체면이 문제인가.

북! 북! 북! 북!
어유, 시원하다!

비로소 검둥이 입가에 번지는 웃음.

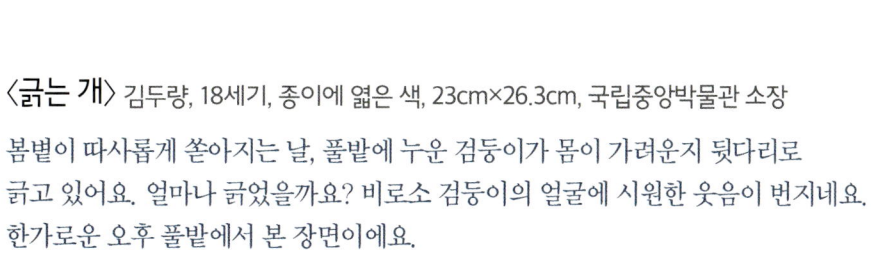

〈긁는 개〉 김두량, 18세기, 종이에 엷은 색, 23cm×26.3cm, 국립중앙박물관 소장

봄볕이 따사롭게 쏟아지는 날, 풀밭에 누운 검둥이가 몸이 가려운지 뒷다리로 긁고 있어요. 얼마나 긁었을까요? 비로소 검둥이의 얼굴에 시원한 웃음이 번지네요. 한가로운 오후 풀밭에서 본 장면이에요.

〈비 개인 후 인왕산(인왕제색도)〉 정선, 1751년, 종이에 엷은 색, 79.2cm×138.2cm, 국보 제216호, 삼성미술관 리움 소장

정선은 평생 금강산과 단양 팔경 등 우리나라 곳곳을 돌아다니며 직접 본 경치를 그렸어요.
조선의 산과 조선 사람의 모습을 가장 조선적인 붓질로 그렸지요. 우람한 봉우리와 육중한 바위,
안개에 잠긴 구릉의 모습을 보면 마치 그림 속 장소에 가 있는 것 같은 감동이 느껴져요.

조선 사람이 그렸어요

어릴 적부터 자란 인왕산 위로
비가 그치고 안개가 피어올라요.

비에 젖은 바위는
굴러 떨어질 듯 위태롭고,
푸릇푸릇한 나무들은
하늘을 향해 팔을 뻗어요.

이곳은 내가 살아온
아름다운 조선 땅.
할머니가 나물을 캐고
아버지가 밭을 갈던 곳.
봄이면 진달래 피고
가을이면 붉은 감이 열리는 곳.

차마 잊을 수 없는 고향을
조선 사람이 그렸어요.
진경산수를 그렸어요.

〈딱따구리〉 심사정, 18세기, 비단에 채색, 25cm×18cm, 개인 소장

딱따구리 한 마리가 매화꽃이 활짝 핀 나뭇가지에 앉아 있어요.
딱따구리가 매화 등걸을 부리로 쪼는 순간, 매화꽃 한 송이가 떨어지네요.
활짝 핀 홍매화와 딱따구리의 가슴과 머리에 있는 붉은빛이 참 잘 어울려요.

숲속에서 딱! 딱! 딱! 딱!

딱! 딱! 딱! 딱!

나무껍질 속에 숨은 벌레를 잡으려
온종일 나무를 쪼는 딱따구리.

머리를 망치 삼아
부리를 송곳 삼아
나무를 뚫어요.
갑옷을 찔러요.

딱! 딱! 딱! 딱!

숲속의 조용함을 깨는 소리에
꽃이 떨어져요.
봄이 떨어져요.

〈서당〉 김홍도, 18세기, 종이에 엷은 색, 39.7cm×26.7cm, 국립중앙박물관 소장

훈장님을 중심으로 서당에 앉아 공부하는 아이들의 모습을 재미있게 그렸어요.
숙제를 해 오지 않았는지, 한 아이가 매를 맞기 위해 대님을 풀고 있어요.
친구들은 킥킥거리고 웃고, 훈장님도 터져 나오는 웃음을 참느라 인상을 찌푸리고 있어요.

온통 웃음바다입니다

킥킥킥!
큭큭큭!

어제 배운 대목을
다 외우지 못한 친구.
대님을 풉니다.
서러워 눈물을 흘립니다.

그러거나 말거나
친구들은 웃음을 참기가 힘듭니다.

회초리를 집어 들 훈장님도
터져 나오는 웃음을 참느라
인상을 찌푸립니다.

서당 안이 온통 웃음바다입니다.

게 섰거라

이놈!
게 섰거라!

고양이가 병아리 물고
잽싸게 도망치자
새끼 잃은 어미 닭은 소리소리 지르고
깜짝 놀란 병아리들 정신없이 도망치고
자리 짜던 영감님은 마당으로 넘어지고
맨발의 아낙네는 마음이 무너지고
평화롭던 마당가에
한바탕 소동이 벌어지고.

우당탕 쿵쾅!
꼬꼬댁 꼬꼬!
삐악 삐악 삐악 삐악!
어이쿠, 영감!

〈병아리를 물고 가는 고양이(야묘도추)〉 김득신, 18세기 말~19세기 초, 종이에 엷은 색, 22.5cm×27.2cm, 간송미술관 소장

어느 한가한 봄날, 마당에서 어미 닭이 병아리와 놀고 있는데 갑자기 고양이가 나타나 병아리 한 마리를 물고 도망가요. 마음 급한 영감님은 담뱃대를 휘두르다 떨어지고, 어미 닭은 깜짝 놀라 고양이를 뒤쫓지요. 순식간에 벌어진 시끄러운 소동을 생생하게 그렸어요.

〈소나무 아래의 용맹스런 호랑이(송하맹호도)〉
김홍도, 18세기 말, 비단에 엷은 색, 90.4cm×43.8cm, 삼성미술관 리움 소장

호랑이의 털 하나하나까지 아주 가는 붓으로 섬세하게 그린 그림이에요. 용맹한 호랑이의 눈빛과 힘 있게 휘어 올라간 꼬리, 위엄 있는 호랑이의 모습을 생생하게 나타낸 김홍도는 역시 조선 제일의 화가라는 칭찬을 들어도 되겠지요? 금세라도 호랑이가 그림 밖으로 튀어나올 것 같아요.

어흥! 나는 조선 호랑이

나는 용맹스런 조선의 호랑이!
나를 당할 자 그 누구냐.

어흥, 소리치면
산과 들이 흔들리고
번쩍, 눈을 뜨면
울던 아이도 뚝!

단군왕검 때부터 이 땅을 지켜 온
나는 짐승 중의 왕,
착한 백성들의 수호신.

백두산을 넘고
만주 벌판을 넘어
시베리아를 달리던
조선의 호랑이.

백두에서 한라까지
쩌렁쩌렁 울리는 날,
세상은 깨어나리라.
조선의 정신으로 깨어나리라.

〈이재 초상〉 작가 알 수 없음, 18세기, 비단에 엷은 색, 97.8cm×56.3cm, 국립중앙박물관 소장

조선 시대 초상화는 사람의 겉모습뿐만 아니라 그 사람의 성격이나 마음까지 그렸어요. 속마음을 꿰뚫어 보는 듯한 눈빛을 보면 마치 살아 있는 사람을 마주하는 것 같아요.

속마음까지 담아요

터럭 하나라도 틀리게 그리면
초상화가 아니에요.
주인공과 똑같이 그려야 해요.
겉모습만이 아니라
속마음까지도.
주름살뿐만 아니라
성격까지도.

눈은 정면
코는 옆면
귀는 한쪽만 크게 그려
사당에 모실 초상화는
돌아가신 분을 대신하지요.
아니 바로 그분이지요.

〈미인도〉

신윤복, 비단에 채색, 113.9cm×45.6cm, 간송미술관 소장

트레머리를 올린 여인이 노리개와 옷고름을 만지작거리며 수줍게 웃고 있어요. 가는 눈썹에 꼭 다문 입술, 작고 고운 손, 좁은 어깨와 풍성한 치마가 아름다운 조선 시대 미인이에요. 기생과 놀기 좋아하는 양반을 많이 그린 신윤복의 대표 작품이지요.

조선 시대 미인입니다

곱게 빗은 머리카락
꽃갓처럼 장식하고,
칠보 노리개 만지작거리며
누구를 기다리나요.

사랑하는 사람에게
이 마음 들킬까 봐
자주색 댕기 끝에
꼭꼭 숨겨 놓았어요.

去年以晚學大雲二書寄來今年又以
藕畊文編寄來此皆非世之常有群之
千萬里之遠積有年而得之非一時之
事也且世之滔滔惟權利之是趨爲之
費心費力如此而不以歸之權利乃歸
之海外蕉萃枯槁之人如世之趨權利
者太史公云以權利合者權利盡而交
踈君亦世之滔滔中一人其有豈自
超於權利之外不以權利視我耶
太史公之言非耶孔子曰歲寒然後知
松柏之後凋松柏是冊四時而不凋者
也歲寒以前一松柏也歲寒以後一松柏
也聖人特稱之於歲寒之後今君之於
我由前而無加焉由後而無損焉然由
前之君無可稱由後之君亦可見稱於
聖人也耶聖人之特稱非徒爲後凋之
貞操勁節而已亦有所感發於歲寒之
時者也烏乎西京淳厚之世以汲鄭之
賢賓客与之盛衰如下邳榜門迫切之
極矣悲夫阮堂老人書

마음을 담아요

한겨울이 되어서야 알 수 있었어요.
소나무와 잣나무가 늦게 시드는 것을.

유배 가서야 알 수 있었지요.
누가 참다운 친구인가를.

한겨울 추위에도 시들지 않는 나무처럼
어려움을 당해도 변하지 않는 친구가 되어요.

〈추운 시절(세한도)〉 김정희, 1844년, 종이에 엷은 색, 23.7cm×108.2cm, 국보 제180호, 개인 소장

어릴 때부터 글씨를 잘 써서 유명했던 김정희는 환갑을 바라보는 나이에 제주도로 유배를 갔어요. 많은 사람이 등을 돌리고 모른 체했지만, 제자인 이상적은 끝까지 의리를 지켰지요. 김정희는 사람의 마음을 나무에 빗대어 그림으로 그렸어요. 허름한 집 앞에 서 있는 늙은 소나무는 김정희를, 그 옆에 있는 젊은 소나무는 이상적을 나타내요.

<매화꽃이 핀 집(매화서옥도)>

조희룡, 19세기, 종이에 엷은 색, 106.1cm×45.1cm,
간송미술관 소장

매화꽃이 눈처럼 휘날리는 날, 한 선비가 서재에 앉아 책을 보고 있어요. 꽃병에는 매화꽃을 꽂아 두고 매화 시를 짓고 있지요. 눈 속에서 피는 매화꽃은 첫봄을 알리는 희망의 꽃이에요. 조희룡은 매화를 몹시 좋아해서, 직접 그린 매화 병풍을 두르고, 매화 벼루에 먹을 묻혀 그림을 그렸대요.

얼음을 뚫고 피는 꽃

죽은 줄 알았던 나무에서
꽃이 피어요.
얼음을 뚫고 매화꽃이 피어요.

하늘로 올라가는 용이
온몸에서 불을 뿜듯
하늘바다의 은하수에서
별이 쏟아지듯
거침없이 피어나는
매화꽃의 춤사위.

매화꽃을 사랑한 집주인,
매화 병풍을 두른 방에서
매화꽃을 꺾어 놓고
매화차를 마시며
매화 시를 지어요.

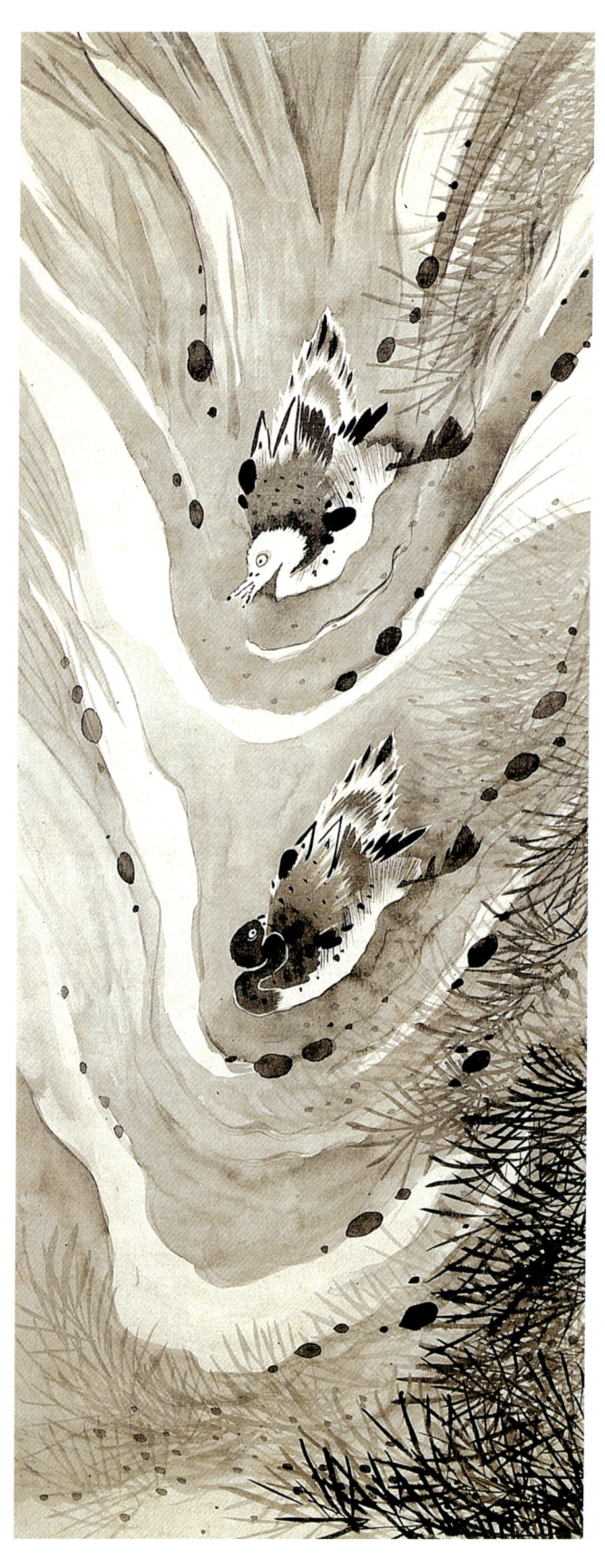

〈헤엄치는 오리(유압도)〉
홍세섭, 19세기 말, 비단에 엷은 색, 119.7cm×47.9cm,
국립중앙박물관 소장

냇가에서 헤엄치는 두 마리 오리를 위에서 내려다보듯이 그렸어요.
물살을 가르며 앞으로 나아가는 오리와 그 뒤를 따르는 오리가
정답게 바라보며 헤엄을 쳐요. 오리와 뒤로 밀리는 물결, 싱싱하게
자라고 있는 풀잎이 평화로운 냇가로 우리를 부르는 것 같아요.

앞서거니 뒤서거니

한가로운 여름날 오후.
냇가에 나선 오리 두 마리.

물살을 가르며
앞서거니 뒤서거니.

〈용맹한 매(호취도)〉

장승업, 19세기, 종이에 엷은 색, 135.5cm×55cm, 삼성미술관 리움 소장

매 두 마리가 나뭇가지에 앉아 날카로운 눈초리로 어딘가를 바라보고 있어요. 몸을 뒤틀고 아래쪽을 보는 매가 금방이라도 노려보는 곳을 향해 날아갈 것 같아요. 선을 그리지 않고 부드러운 붓질로 날카로운 매의 눈빛을 그린 장승업은 하늘에서 내린 그림 재주를 가졌다고 했답니다.

나무 위에 앉아 있는 매

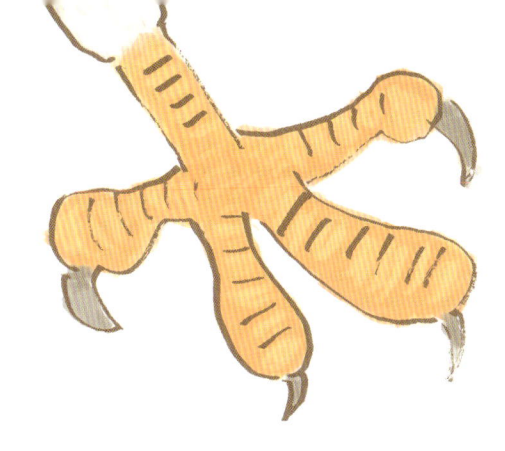

나뭇가지 위의 매 두 마리.
같이 있어도 다른 표정.

사냥을 끝낸 한 마리는
배가 불러 여유로운데,
먹잇감을 놓친 매는
매서운 눈빛을 번득여요.

도망가는 토끼를 낚아채려
잔뜩 웅크린 배고픈 매.
날카로운 발톱에 힘을 주는 순간
접은 날개를 힘차게 펴고
솟구쳐 오르기 무섭게
쏜살같이 떨어져
번개같이 몸을 날려요.

조용한 들판에
한바탕 소동이 벌어지더니
금세 찾아온 고요.

오래 살라고 그림을 그려요

오래 살고 싶은 마음을
그림으로 그려 볼까요?

해·산·물·돌·구름·소나무·불로초·거북·학·사슴.
사람들은 이것을 '십장생'이라 부르지요.

해처럼 산처럼 영원하라고
학처럼 거북처럼 오래 살라고
그림을 그려요.
열 가지를 그려요.

<십장생도>

10폭 병풍, 19세기,
비단에 채색,
151cm×370.7cm,
삼성미술관 리움 소장

오래오래 행복하게 살고 싶은 마음을 담아 그린 그림이에요. 그림 속에서 십장생을 찾아볼까요?

 함께 읽어요

조선 초기부터 조선 말기까지
우리 그림 이야기

우리 역사상 가장 활발하게 그림을 그리고, 수준 높은 작품을
많이 낸 때는 언제일까요? 바로 조선 시대예요.
도화서에서는 최고의 화원들이 궁중에 필요한 그림을 그렸고,
왕족과 선비 중에서도 그림을 잘 그리는 사람이 많았어요.
산수, 인물, 동물, 꽃과 새, 초상화, 민화 등 주제도 다양했지요.
지금부터 조선 시대 그림 속으로 들어가 볼까요?

조선시대 초기 함께 읽어요!

조선 시대 초기 (1392년~약 1550년)

조선 초기에는 4대 왕인 세종대왕 때 화려한 문화를 꽃피워요. 이 문화는 9대 왕인 성종을 거쳐, 11대 왕인 중종과 13대 왕인 명종 때까지 이어지지요. 조선 초기의 문화는 '조선 시대 문화의 뿌리'라는 점에서 매우 중요해요. 뛰어난 화가들이 많았지만, 남아 있는 작품이 별로 없어서 아쉬운 시기지요. 그럼 대표 화가들을 살펴볼까요?

조선 초기의 대표 화가 안견

안견(15세기)은 세종대왕의 셋째 아들인 안평대군의 도움으로 조선 초기를 대표하는 화가가 되었어요. 시인이고 음악가이며, 서예가이고 화가인 안평대군은 우리나라 그림뿐만 아니라, 중국의 그림도 많이 가지고 있었어요.

안평대군은 안견이 좋은 그림을 그릴 수 있도록 자신의 그림을 많이 보여 주었지요. 앞에서 본 〈꿈속에 여행한 복사꽃 마을(몽유도원도)〉은 안평대군이 꿈을 꾸고 나서 그 꿈을 안견에게 그려 달라고 해서 탄생한 그림이에요.
안견의 작품으로는 《사계절의 산수(사시팔경도)》가 전해지고 있어요. 안견은 사람이나 동물은 아주 작게 그리고, 산과 바위는 크게 그리는 '곽희파 화풍'을 참고해서 자신만의 산수화 세계를 이루었어요. 산수화뿐만 아니라, 초상화, 꽃, 말, 건물, 기러기 등도 잘 그렸답니다.

《사계절의 산수(사시팔경도)》 중 〈이른 여름〉
안견, 국립중앙박물관 소장

시, 그림, 글씨가 뛰어난 선비 화가 강희안

강희안(1417~1464년)은 세종대왕 때 활동한 선비 화가예요. 〈물을 바라보는 선비(고사관수도)〉라는 작품이 유명하지요. 그림에서 한 선비가 큼직한 바위에 두 팔을 걸치고 가만히 생각에 잠겨 있어요. 무성한 덩굴 가지가 늘어진 절벽 아래에서 바위에 기댄 채 물을 바라보는 선비의 모습이 무척 태평스러워 보여요. 〈꿈속에 여행한 복사꽃 마을(몽유도원도)〉처럼 산 전체를 그리는 방법이 아니라 인물을 가까이에서 보듯이 그리는 방법은 당시에는 매우 새로웠어요. 이런 그림 방법을 '절파 화풍'이라고 해요. 바위는 흰색과 검은색이 강하게 대조를 이루고, 나무에서 덩굴이 늘어지게 그리는 것이 특징이에요.

조선시대 초기

함께 읽어요!

〈물을 바라보는 선비(고사관수도)〉 강희안, 국립중앙박물관 소장

조선시대 초기 — 함께 읽어요!

🥣 노비에서 화원이 된 이상좌

이상좌(생몰년 미상)는 어느 양반집 노비였는데, 그림을 잘 그려서 도화서(궁중에서 필요한 그림을 그리던 곳)의 화원이 되었어요. 〈소나무 아래에서 달 구경(송하보월도)〉은 구부러진 소나무 아래에서 한 선비가 시중드는 아이를 데리고 걷고 있는 그림이에요. 한쪽으로 치우쳐 있는 구도나, 심하게 구부러진 소나무 등에서 중국 남송의 '마하파 화풍'의 영향이 보여요.

〈소나무 아래에서 달 구경(송하보월도)〉
이상좌, 국립중앙박물관 소장

🥣 섬세하고 아름다운 그림을 그린 신사임당

신사임당(1504년~1551년)은 조선 초기를 대표하는 화가로 그림뿐만 아니라 글, 글씨, 자수도 뛰어났어요. 우리에게는 율곡 이이의 어머니로도 잘 알려져 있지요. 신사임당은 산수, 포도, 대나무, 매화, 풀과 벌레 등 여러 분야를 다 잘 그렸어요. 특히 《초충도》는 섬세하면서 부드러운 그림으로 유명해요. 풀벌레 그림을 말리려고 마당에 내놓았더니, 닭이 진짜 풀벌레인 줄 알고 쪼았다는 이야기가 전해질 정도로 생생한 그림이에요.

《초충도》 중 〈가지와 방아깨비〉 신사임당, 국립중앙박물관 소장

조선시대 초기 함께 읽어요!

친근한 동물을 그린 이암

이암(1499년~?)은 동물 그림을 뛰어나게 그린 화가예요. 특히 개나 고양이 같은 동물을 해학적으로 그렸지요.

왕족 출신인 이암은 〈어미 개와 강아지(모견도)〉에서 천진난만한 강아지의 모습을 사랑스런 붓질로 살려 냈어요. 어미 등에서 잠든 누렁이와 젖을 빨고 있는 강아지 두 마리를 어미 개가 다정한 눈길로 바라보고 있는 그림이지요. 어미 개와 강아지의 모습이 무척 사랑스럽지요?

〈어미 개와 강아지(모견도)〉 이암, 국립중앙박물관 소장

《대나무 화첩(묵죽화책)》 중 〈대나무〉 이수문, 일본 개인 소장

일본 그림에 영향을 준 이수문

조선 초기에 살았던 이수문은 1424년에 《대나무 화첩(묵죽화책)》을 그렸어요. 바위, 언덕, 비, 바람, 달 등을 배경으로 대나무 숲을 그린 이 화첩은 일본의 중요 문화재로 지정되어 있어요.

조선 초기 그림을 이야기할 때 중요한 사실은 우리 그림이 일본 그림에 영향을 준 거예요. 이수문도 그중 한 사람이랍니다.

조선시대 중기

함께 읽어요!

조선 시대 중기 (약 1550년~1700년)

조선 중기는 전쟁이 많이 일어나서 정치적으로 매우 불안한 시기였어요. 일본의 침입으로 임진왜란과 정유재란이 발생했고, 후금이 침입한 정묘호란, 청나라가 쳐들어온 병자호란을 연달아 겪었지요. 계속되는 전쟁으로 살기 힘들었지만, 꾸준히 그림을 그렸고, 특색 있게 발전했어요.

조선 중기를 대표하는 김시

조선 중기를 대표하는 김시(1524년~1593년)는 〈눈이 그친 겨울 숲(한림제설도)〉을 그렸어요. 소복이 눈이 쌓인 풍경 속에서 겨울의 찬 기운이 느껴지지요. 이 그림을 보면 안견의 〈사계절의 산수(사시팔경도)〉를 참고했다는 걸 알 수 있어요.
김시의 개성은 앞에서 본 〈나귀를 끄는 아이(동자견려도)〉에서 잘 드러나요. 그림을 보면 소나무 뒤 절벽의 바위가 도끼로 찍은 것처럼 흰 부분과 검은 부분이 강하게 대조를 이루고 있어요. 조선 중기에 유행하게 된 절파 화풍의 특징이 잘 드러나는 그림이랍니다.

〈눈이 그친 겨울 숲(한림제설도)〉 김시, 미국 클리블랜드 미술관 소장

절파 화풍으로 그린 함윤덕

함윤덕(생몰년 미상)의 〈나귀를 탄 선비(기려도)〉를 볼까요? 그림에서 곧 쓰러질 듯 힘들어 하는 나귀를 탄 선비가 어딘가를 향해 가고 있어요. 이 그림은 지금까지 본 그림과 좀 다르게 느껴지지 않나요? 맞아요. 사람 모습이 거의 보이지 않고 산과 바위만 크게 강조한 안견이나 김시의 작품과는 달리, 사람을 아주 크게 그렸어요.
선비를 감싸듯이 뒤에 서 있는 바위의 표현과 덩굴을 보면 절파 화풍이라는 걸 알 수 있어요.

〈나귀를 탄 선비(기려도)〉
함윤덕, 국립중앙박물관 소장

《산수 화첩》 12면 중 〈배를 타고 집으로(수향귀주)〉
이정, 국립중앙박물관 소장

그림 그리는 집안에서 태어난 이정

이정(1578년~1607년)은 그림을 그리는 집안에서 태어났어요. 〈소나무 아래에서 달 구경(송하보월도)〉을 그린 이상좌가 할아버지이고, 아버지 이숭효도 화가였지요. 이정이 그린 《산수 화첩》 중 〈배를 타고 집으로(수향귀주)〉라는 그림을 볼까요?
강 건너에 바위와 나무가 있고, 강 가운데에는 배를 타고 노를 젓는 사람의 모습이 보여요. 강의 풍경이 그림의 절반 이상을 차지하고 있지요. 선비가 먹과 엷은 색으로 자기의 마음 세계를 그린 '남종 화풍' 그림이랍니다.

조선시대 중기 함께 읽어요!

🥣 소를 잘 그린 김식

조선 중기에는 여러 분야를 다 잘 그리는 화가도 많았지만, 한 가지 분야를 잘 그리는 화가들이 있었어요. 특히 동물이나 꽃을 주로 그렸지요.

김시의 손자인 김식(1579년~1662년)은 소를 잘 그려서 이름을 널리 알렸어요. 김식이 그린 〈소〉 그림을 볼까요?

나무 그늘 아래에서 어미 소와 송아지가 평화로운 시간을 보내고 있어요. 송아지는 엄마 젖을 빠느라 바쁘고 엄마 소는 고개를 기울인 채 먼 곳을 바라보고 있지요. 소의 눈과 뿔, 콧등에서 조선적인 정감이 물씬 묻어나요. 음영으로 표현된 소의 퉁퉁한 몸이나 선량한 눈매가 평화롭고 따뜻한 느낌을 주지요.

〈소〉 김식, 국립중앙박물관 소장

까치를 잘 그린 조속

조속(1595년~1668년)과 그의 아들 조지운(1637년~?)은 까치를 잘 그렸어요. 조속이 그린 〈나무 위에 앉은 까치(노수서작도)〉 그림에는 화면 가득 나무와 새가 그려 있어요. 구부러진 나뭇가지를 변화 있게 배치한 다음, 마주 보는 까치의 모습을 실감나게 그렸어요. 새들의 모습에서 움직임을 느낄 수 있도록 각기 다른 자세로 그렸지요. 새를 많이 그려 본 작가의 솜씨가 느껴지나요?

〈나무 위에 앉은 까치(노수서작도)〉
조속, 국립중앙박물관 소장

최고의 대나무 화가 이정

세종대왕 손자의 손자인 이정(1554년~1626년)은 시와 글씨와 그림이 모두 다 뛰어난 선비 화가였어요. 이정은 대나무 그림을 잘 그렸는데, 그중에서도 〈바람에 흔들리는 대나무(풍죽)〉는 최고의 작품으로 손꼽지요.
그림을 보면 세찬 바람을 맞으면서도 부러지지 않는 대나무의 모습이 긴장감을 주어요. 댓잎 끝에 찍힌 예리한 점은 날카로운 대나무 잎의 느낌을 잘 살려 주지요. 이상좌의 손자인 이정과는 다른 사람이랍니다.

〈바람에 흔들리는 대나무(풍죽)〉 이정, 간송미술관 소장

조선시대 중기 함께 읽어요!

조선 시대 후기 (약 1700년~1850년)

우리 문화의 부흥기라고 부르는 조선 후기는 가장 한국적인 그림을 그린 시기예요. 특히 21대 왕인 영조와 22대 왕인 정조 때에는 다양한 그림이 등장했어요. 사람의 모습을 그린 초상화, 독창적이고 실감나는 진경산수화, 우리가 사는 모습을 그린 풍속화 등 조선 후기 그림들을 만나 볼까요?

혼이 담긴 초상화를 그린 윤두서

조선 시대 그림 중에서 자랑할 만한 분야가 바로 초상화예요. 초상화는 수염 한 올까지도 틀리면 안 될 만큼 정확하게 그려야 해요. 겉모습만 닮게 그린다고 끝나는 게 아니에요. 사람의 성격이나 마음 상태까지도 담을 수 있어야 훌륭한 초상화랍니다.

윤두서(1668년~1715년)가 그린 〈자화상〉은 초상화의 특징이 잘 나타나 있는 독보적인 작품이에요. 국보 제240호인 이 그림은 윤두서가 자기의 모습을 그린 그림이지요. 그림을 보면 얼굴에 온통 수염이 덥수룩한 남자가 우리를 똑바로 쳐다보고 있어요. 눈빛과 표정에서 윤두서의 성격과 굳은 의지가 느껴지지요.

〈자화상〉 윤두서, 개인 소장

고양이와 닭을 즐겨 그린 변상벽

조선 후기에는 동물화도 크게 발달했어요. 왕의 초상화를 그리는 화가로 이름이 높았던 변상벽(생몰년 미상)은 고양이와 닭을 잘 그려서 '변고양이', '변닭'이라는 별명을 얻었어요. 〈어미 닭과 병아리(계자도)〉는 커다란 암탉이 잡아온 곤충을 병아리들에게 먹여 주는 모습을 그린 그림이에요. 엄마 닭이 병아리를 보살피는 따뜻한 마음이 느껴져요.

〈어미 닭과 병아리(계자도)〉
변상벽, 국립중앙박물관 소장

남종 문인화를 잘 그린 심사정

산수화는 그리는 방법에 따라 '남종화'와 '북종화'로 구분했어요. 남종화는 화려한 색을 쓰지 않고 먹을 주로 쓰고, 북종화는 여러 가지 색을 써서 화려하지요. 남종화는 그림을 직업으로 그리지 않는 문인들이 주로 그려서 '남종 문인화'라고도 불러요.

심사정(1707년~1769년)이 그린 〈깊은 밤 강에 떠 있는 배(강상야박도)〉는 남종 문인화의 세계를 잘 보여 줘요. 먹을 엷게 우려내어 짙은 안개와 구름이 내려앉은 강가의 풍경을 차분하게 그렸지요. 특히 그림 앞쪽 언덕 위에 서 있는 여러 종류의 나무는 남종 문인화에서 즐겨 그리던 나무예요.

〈깊은 밤 강에 떠 있는 배(강상야박도)〉
심사정, 국립중앙박물관 소장

조선시대 후기

함께 읽어요!

진경산수화의 창시자 정선

조선 후기 그림 중에서 가장 독창적인 분야를 꼽는다면 바로 '진경산수화'예요. 진경산수화는 진짜 경치를 그린 산수화라는 뜻이에요. 그렇다면 실제 경치를 그린 '실경산수화'와는 어떤 차이가 있을까요? 진경산수화는 실제로 있는 실경산수를 그리되 그것을 그리는 방법까지 포함해서 특별하게 부른 거예요. 특히 18세기에 정선(1676년~1759년)과 정선을 따른 사람들이 그린 그림을 말하지요.

정선은 우리의 경치를 중국식 기법으로 그리는 대신, 한국적인 산과 강을 잘 표현할 수 있는 새로운 기법으로 그렸어요. 정선이 우리 산과 강의 모습을 실감나게 그릴 수 있었던 건 여행을 많이 했기 때문이에요. 정선이 그린 〈금강산〉은 금강산의 전체 모습을 한눈에 볼 수 있도록 위에서 내려다보는 것처럼 그렸어요. 뾰족뾰족한 바위산과 낮은 산이 서로 비교될 수 있도록 양쪽에 배치했지요.

〈금강산〉 정선, 삼성미술관 리움 소장

정선의 뒤를 이은 강희언

정선의 뒤를 이어 많은 화가들이 진경산수화를 그리고 발전시켰어요.
강희언(1710년~1784년)의 〈인왕산〉은 정선이 그린 〈비 개인 후
인왕산(인왕제색도)〉을 참고해서 그린 그림이에요. 강희언은 커다란 바위보다
인왕산 계곡의 주름을 강조해서 그렸어요. 두 그림을 비교해서 보면 두
작가의 차이를 느낄 수 있을 거예요.

〈인왕산〉 강희언, 개인 소장

새로운 화풍을 발전시킨 강세황

강세황(1713년~1791년)은 〈영통동 입구(영통동구)〉에서
참신한 색과 구도로 진경산수화를 발전시켰어요. 개성
근처에 있는 영통동은 경치가 좋기로 유명한 곳이에요.
강세황은 커다랗고 각이 진 바위들을 대담하게 그리고,
바위의 색은 전통적인 먹의 농담 대신 녹색의 농담으로
그렸어요. 좁게 이어진 길 위를 걷는 나귀 탄 나그네를
아주 작게 그려서 바위의 육중함을 잘 살렸지요.

《송도기행첩》 중 〈영통동 입구(영통동구)〉
강세황, 국립중앙박물관 소장

조선시대 후기

함께 읽어요!

서민들이 사는 모습을 그린 김홍도

조선 후기의 풍속화는 진경산수화와 함께 조선을 대표하는 그림이에요. 풍속화는 당시 사람들이 살아가는 모습을 알 수 있는 아주 중요한 자료이지요.

대표적인 화가로는 김홍도(1745년~?)와 신윤복(1758년~?)이 있어요. 김홍도는 〈씨름〉, 〈서당〉, 〈타작〉, 〈자리짜기〉, 〈대장간〉, 〈점괘〉, 〈주막〉, 〈빨래터〉, 〈나룻배〉 등 당시 농민이나 서민들의 생활 모습을 많이 그렸어요. 〈씨름〉에는 빙 둘러앉은 관중들 가운데에서 상대방을 번쩍 들어서 넘어뜨리려고 온 힘을 다하는 씨름 선수의 모습이 그려 있어요. 보기만 해도 아슬아슬 긴장감이 넘치지요. 배경을 거의 생략하고 주인공을 두드러지게 그린 김홍도의 풍속화를 보고 있으면, 마치 그림 속에 들어가 있는 것 같은 착각이 들 정도로 생생해요. 김홍도는 풍속화뿐만 아니라 산수, 인물, 신선의 모습 등 모든 분야의 그림을 잘 그렸답니다.

《단원풍속도첩》 중 〈씨름〉 김홍도, 국립중앙박물관 소장

양반과 기녀의 모습을 그린 신윤복

김홍도가 주로 서민의 모습을 그렸다면 신윤복은 양반과 기녀, 무속, 주막 등 특수한 계층의 사람들을 그렸어요.
신윤복의 《혜원풍속화첩》 속에는 연못가의 여인을 비롯해서 단옷날 그네뛰기 하는 여인, 칼춤 추는 여인, 양반과 야외에 놀러 가는 기녀 등 세련된 도시 여인과 양반이 등장해요. 특히 앞에 나온 〈미인도〉는 신윤복이 여인의 모습을 얼마나 섬세하게 잘 그렸는지 보여 주지요. 신윤복은 이렇게 양반들을 풍자하는 그림을 너무 많이 그려서 도화서에서 쫓겨났다고 해요.

《혜원풍속화첩》 중 〈단옷날의 풍치 있는 정경(단오풍정)〉 신윤복, 간송미술관 소장

조선시대 말기 함께 읽어요!

조선 시대 말기 (약 1850년~1910년)

조선 말기는 나라 안과 밖으로 수많은 사건이 일어난 때예요. 나라 안으로는 살기 어려운 백성들이 크고 작은 농민 운동을 일으켰고, 나라 밖에서는 일본, 영국, 미국 등이 군함을 끌고 와서 강제로 우리나라와 교류하자고 했어요. 1910년에는 일본의 식민지가 되고 말았지요. 이런 혼란스러운 시기에 화가들은 어떤 그림을 그렸을까요?

새바람을 일으킨 김정희

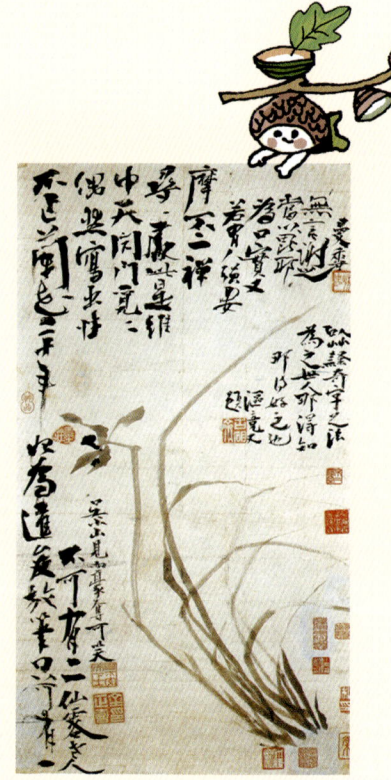

추사 김정희(1786년~1856년)는 청나라의 새로운 학문인 금석학과 고증학을 받아들여 답답한 학문 세계에 새바람을 일으켰어요. 김정희는 단순한 재주로 그림을 그려서는 안 된다고 말했어요. 만 권의 책을 읽고 만 리 길을 여행하면서 공부가 깊어져야 하고, 그것이 작품에 배어 나오는 것이 중요하다고 생각했지요. 앞에 나온 〈추운 시절(세한도)〉은 실제 집에 있는 집과 나무가 아니라 마음속 세계를 그린 거예요. 김정희는 어느 누구도 흉내 낼 수 없는 독창적인 글씨체인 '추사체'를 만들었어요. 난초 그림과 글씨가 함께 있는 〈난(부작란)〉은 서예 글씨를 쓰는 방법으로 그린 그림이에요.

〈난(부작란)〉 김정희, 개인 소장

새로운 산수화를 그린 김수철

김수철(생몰년 미상)은 조선 후기 작가인 윤제홍의 영향을 받아서 수채화처럼 맑은 산수화를 그렸어요. 〈소나무 아래에서의 대화(송계한담도)〉를 보면 지금까지 봤던 산수 그림보다 산뜻한 느낌이 들어요. 전통에 얽매이지 않고 새로운 그림을 그리려는 생각이 이런 작품을 탄생시켰지요.

〈소나무 아래에서의 대화(송계한담도)〉 김수철, 간송미술관 소장

개성 있는 동물화를 그린 홍세섭

홍세섭(1832년~1884년)은 개성 있는 동물 그림을 많이 그렸어요. 앞에 나온 〈헤엄치는 오리(유압도)〉는 오리가 헤엄치는 모습을 위에서 내려다보는 재미있는 그림이에요.
〈물가의 해오라기〉에서는 얼음을 깎아 놓은 듯한 산을 배경으로, 파도치는 물가에서 두 마리 해오라기가 서로 다른 방향을 보고 있어요. 추상적인 형태의 봉우리와 독특한 구도 등 이전에는 볼 수 없던 독창적인 그림이지요.

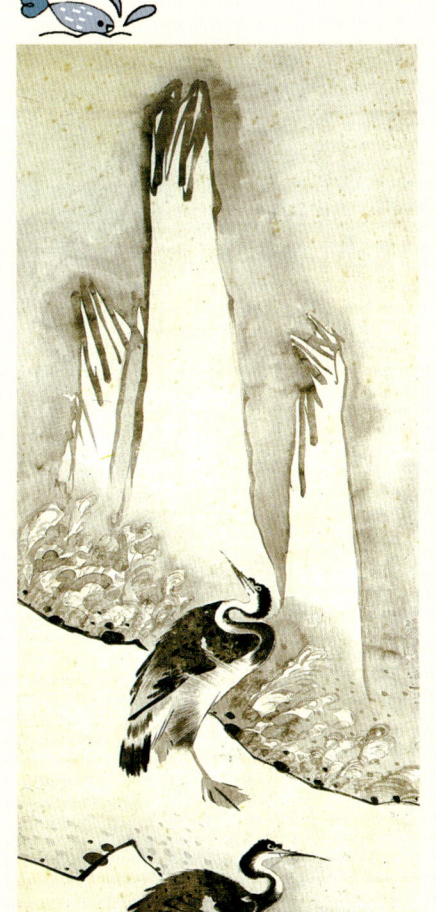

〈물가의 해오라기〉 홍세섭, 국립중앙박물관 소장

조선 시대 말기

함께 읽어요!

🥣 이름 없는 화가가 그린 민화

민화는 특별히 훈련된 화가가 아니라, 그림을 좋아하거나 조금 재주가 있는 사람이 그린 그림이에요. 주로 서민들이 집 안을 장식하는 데 썼어요. 돈을 받고 장터에서 팔았기 때문에 사는 사람이 원하는 그림을 그려 주었지요. 민화에는 당시 사람들이 바랐던 소망이 담겨 있어요. 과거에 급제하기를 바라는 사람은 잉어 그림을, 돈이 많이 생기기를 바라는 사람은 모란꽃 그림을, 오래 살기를 바라는 사람은 학 그림을, 아들 낳기를 바라는 사람은 연꽃 그림을 원했어요. 또 다치거나 병이 들고 돈을 잃는 일이 없기를 바라는 사람들은 나쁜 기운을 몰아내는 부적 같은 그림을 집에 붙여 놓았지요.

〈까치 호랑이〉 작가 미상, 개인 소장

〈까치 호랑이〉는 호랑이와 까치를 그린 민화예요. 소나무 아래에 앉아 있는 호랑이는 김홍도가 그린 용맹스러운 호랑이와 달리 장난이라도 칠 것처럼 익살스러운 모습이에요. 친근하고 해학적인 민화는 사람들의 마음을 위로하기도 하고 희망을 주기도 하면서 많은 사랑을 받았답니다.

조선 시대 마지막 초상화가 채용신

나라가 어지러울 때 채용신(1850년~1941년)은 흔들리지 않고 전통적인 방법으로 초상화를 그렸어요.
조선 시대 마지막 초상화가인 채용신이 그린 〈황현 초상〉을 볼까요? '황현'이란 분은 나라가 망하자 이에 항거하기 위해 독약을 먹고 돌아가셨어요. 채용신은 황현의 모습을 수염 한 올까지 꼼꼼하게 그렸지요. 꼿꼿하게 앉아 있는 황현의 초상화에서 선비의 지조가 느껴지나요?

〈황현 초상〉 채용신, 구례 매천사 소장

자유로운 천재 화가 장승업

장승업(1843년~1897년)은 어려서 부모를 잃고 남의 집에서 더부살이를 하면서 어깨 너머로 그림을 배웠어요. 가난하고 배운 것은 없었지만, 뛰어난 그림 실력과 노력으로 누구도 따라올 수 없는 그림을 그렸지요. 장승업은 어디 한곳에 얽매이는 것을 싫어하고 술을 좋아하는 괴팍한 성격이었대요.
〈세 명의 신선이 나이를 묻다(삼인문년도)〉는 장승업의 실력을 잘 보여 주는 작품이에요. 거친 듯 하면서도 힘이 있는 붓질로 상상 속에 등장하는 신선들의 모습을 생생하게 살렸지요.

〈세 명의 신선이 나이를 묻다(삼인문년도)〉
장승업, 간송미술관 소장

참고 자료

《국립중앙박물관 전시 용어-미술사》, 국립중앙박물관, 2006
김원룡, 안휘준,《신판 한국미술사》, 서울대학교 출판부, 1994
안휘준,《한국회화사》, 일지사, 1983
이기백,《한국사신론》, 일조각, 1998
조정육,《꿈에 본 복숭아꽃 비바람에 떨어져》, 고래실, 2002
조정육,《가을 풀잎에서 메뚜기가 떨고 있구나》, 고래실, 2002
조정육,《신선이 되고 싶은 화가 장승업》, 아이세움, 2002
조정육,《붓으로 조선 산천을 품은 정선》, 아이세움, 2003
조정육,《삼국 시대부터 조선 시대까지 어린이를 위한 우리나라 대표 그림》, 대교출판, 2005
조정육,《조선의 글씨를 천하에 세운 김정희》, 아이세움, 2007
조정육,《조선이 낳은 그림 천재들》, 길벗어린이, 2007
이성미·김정희,《한국 회화사 용어집》, 다할미디어, 2007
《꿈과 사랑-매혹의 우리 민화》, 호암갤러리, 1998
《동양의 명화-한국1》, 삼성출판사, 1987
《동양의 명화-한국2》, 삼성출판사, 1987
《우리 땅, 우리의 진경》, 국립춘천박물관, 2002
《조선 시대 풍속화》, 국립중앙박물관, 2002
《추사 김정희 학예일치의 경지》, 국립중앙박물관, 2006
《한국의 미-겸재 정선》, 중앙일보사, 1985
《한국의 미-단원 김홍도》, 중앙일보사, 1985
《한국의 미-민화》, 중앙일보사, 1985
《한국의 미-산수화》, 중앙일보사, 1985
《한국의 미-인물화》, 중앙일보사, 1985
《한국의 미-풍속화》, 중앙일보사, 1985
《한국의 미-화조인물화》, 중앙일보사, 1985

글 조정육

글을 쓰신 조정육 선생님은 홍익대학교 대학원에서 한국회화사를 전공하고, 동국대학교 대학원에서 한국회화사 박사 과정을 수료했어요. 고려대학교, 국민대학교, 서울과학기술대학교 등에서 한국미술사를 강의했고, 지금은 옛 그림을 통해 동양의 정신을 알리고 어린이들이 우리나라 화가들의 그림을 재미있고 쉽게 알 수 있도록 글을 쓰고 있어요. 그동안 쓴 책으로는《조선 최고의 풍속 화가 김홍도》, 《조선이 낳은 그림 천재들》,《조선의 글씨를 천하에 세운 김정희》,《붓으로 조선 산천을 품은 정선》, 《신선이 되고 싶은 화가 장승업》,《그림 속에서 놀아 보자》등이 있어요.

그림 장숙희

그림을 그리신 장숙희 선생님은 가톨릭대학교 국사학과를 졸업했어요. 지금은 어린이들이 그림을 보고 환하게 웃었으면 하는 마음으로 어린이책에 다양한 그림을 그리고 있어요. 그동안 그린 책으로는 《트리갭의 샘물》,《자신만만 1학년》,《시골벅적 봉구네 명절》,《열매 마을N 어떤 이웃이 살까?》, 《달래네 반 가족 나무》,《지구와 달이야기》등이 있어요.

그림 잔치를 벌여 보자

펴낸날 개정판 1쇄 2016년 10월 4일 | 개정판 4쇄 2023년 11월 1일
글 조정육 | **그림** 장숙희 | **제목 글씨** 오로지 박병철
펴낸이 서명지 | **개발책임** 조재은 | **편집** 한재준 최주영 | **디자인** 김수영
마케팅책임 이경준 | **제작책임** 이현애 | **펴낸곳** ㈜키즈스콜레 | **출판신고** 제2022-000036호
주소 서울시 서초구 방배천로 91 9층
주문 전화 02-829-1825 | **주문 팩스** 070-4170-4318 | **내용 문의** 070-8209-6140

© 조정육, 2008
ISBN 979-11-6994-202-7   979-11-6825-107-6(세트)

이 책은 저작권법에 따라 보호받는 저작물이므로, 이 책에 실린 내용의 무단 전재와 무단 복제를 금합니다.

· 잘못 만들어진 책은 구입한 곳에서 바꾸어 드립니다.
· 오늘책은 ㈜키즈스콜레의 단행본 브랜드입니다.